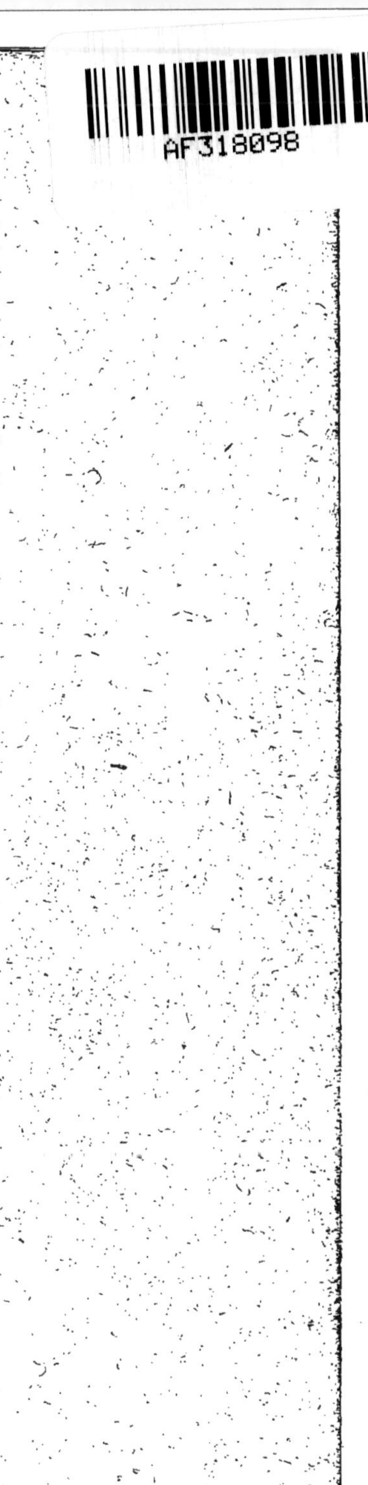
AF318098

MÉMOIRE

SUR

LE LAMINAGE

DU PLOMB.

Par M. REMOND DE SAINTE-ALBINE.

TROISIEME EDITION.

Fonderie du Plomb Laminé.

A PARIS,

De l'Imprimerie de JACQUES GUÉRIN,
rue S. Jacques, à S. Thomas d'Aquin.

M. DCC. XLVI.

Avec Approbation & Privilége du Roi.

AVERTISSEMENT.

PLUSIEURS Artistes célèbres, auxquels s'étoient joints un certain nombre de Sçavans & quelques Amateurs, avoient conçu le dessein de former, sous le nom de SOCIÉTÉ DES ARTS, une nouvelle Académie. Monseigneur le Comte de Clermont, Prince du Sang, avoit bien voulu non-seulement s'en déclarer le Protecteur, mais encore permettre que les assemblées se tinssent en son Hôtel; & ce qui mérite encore plus de loüanges dans un jeune Prince , il daignoit souvent y assister. Le Mémoire dont on donne ici une troisieme édition, & qui parut pour la premiere fois en 1731 , avoit été composé pour cette Compagnie. Chargé de lui rendre compte de toutes les nouveautés qui intéressoient les Arts , je ne pouvois me dispenser de lui annoncer l'établissement du Laminage du Plomb dans ce Royaume. Une simple description du Laminoir n'auroit pas satisfait à mes engagemens. Je devois entrer dans l'examen des effets de cette machine , & cet examen entraînoit nécessairement celui des qualités du

(v)

Plomb qu'elle fabrique.

Mrs les Entrepreneurs de la Manufacture, ayant appris que mon rapport leur étoit favorable, me presserent de consentir qu'il fût imprimé. Ce fut par égard pour leurs instances, que je demandai la permission * de publier séparément un ouvrage, digne tout au plus de servir à grossir un des recueils que la Société des Arts se proposoit de donner. **

* Aucun Membre de la Société des Arts ne pouvoir, sans la permission de cette Académie, faire imprimer à part un Ouvrage destiné à avoir place dans les Recueils de la Compagnie.

** Ce n'est point ici le lieu d'informer les Lecteurs des évenemens qui en disperfant cette Société, l'ont empêché d'exécuter son dessein.

L'honneur que les Propriétaires du Laminoir me faisoient, en se persuadant que mon Mémoire pouvoit produire quelque impression sur le Public, exigeoit de moi de la reconnoissance. Jusques-là je n'avois été que Rapporteur dans leur affaire; je devins leur Avocat. Malgré le Jugement que l'Académie des Sciences avoit prononcé en faveur de leur Plomb, & sur lequel le Parlement avoit déclaré les oppositions des Plombiers mal fondées, la Manufacture éprouvoit encore beaucoup de contradictions, ainsi qu'en éprouve tout ce qui est nouveau.

Pour mettre le Public en é-
tat de décider entre le Laminoir & ſes adverſaires,
non-ſeulement je raſſemblai
toutes les preuves capables
de déterminer les ſuffrages,
mais encore je répondis à
pluſieurs objections, que j'a-
vois paſſées ſous ſilence
dans la crainte de ſortir des
bornes académiques. Les
Commiſſaires, nommés *par
la Société des Arts pour
examiner mon Mémoire,

* La Société des Arts, ainſi que
les autres Académies, nommoit des
Commiſſaires pour l'examen des Ouvrages que les Aſſociés vouloient faire
imprimer, & à la tête deſquels ils ſe
propoſoient de prendre la qualité d'A-
cadémiciens.

approuverent les additions que j'y avois faites , & ils penserent comme moi , qu'on n'est point trop long, quand on ne dit que ce qui est nécessaire.

Autant que j'ai pu , je me suis prescrit cette regle. Cependant quelque soin que j'aye pris pour n'être pas prolixe , je ne répons point de ne pas ennuyer. Par des notes marginales, j'avertis de ce que chaque article renferme. Ainsi l'on pourra s'arrêter aux endroits qui piqueront le plus la curiosité.

Les personnes qui n'avoient pas vû le Laminoir ,

& qui en lûrent la description dans la premiere édition de cet Ouvrage, furent
surprises qu'elle ne fût pas
accompagnée d'une Plan-
che. En effet, il étoit naturel de faire graver cette Machine ; mais quelques-uns
des Intéressés, par des raisons qui leur parurent plus
solides qu'à moi, ne purent
se résoudre à le souffrir.
Leurs successeurs n'ont pas
suivi leur exemple. Ils ont
désiré qu'on joignît au Mémoire sur le Laminage un
dessein exact du Laminoir,
& pourvû que leurs inten-
tions soient suivies, les Lecteurs n'auront rien à désirer

dans cette édition, si ce n'est que l'Auteur eût pû donner plus de perfection à son Ouvrage.

Explication de quelques termes, dont l'intelligence est nécessaire.

ROUET ou ROUE DE CHAMP B. Roue dentelée, dont les Dents font paralleles à l'Axe.

HÉRISSON D. Roue dentelée, dont les dents font placées dans la circonférence de la Roue, & felon la direction de fon plan.

LANTERNE F. Roue faite comme un Tambour fort large, qui auroit peu de hauteur, & dont le pourtour, au lieu d'être plein, feroit à jour. Elle eft compofée de deux Tourtes, ou Pieces de bois rondes, affujetties enfemble à leur circonférence par divers Fufeaux, qui font placés à diftance égale les uns des autres. Les dents d'une autre Roue, en rencontrant ces Fufeaux, font marcher la Lanterne.

ROUE DE RENVOI G. Efpece de petit HÉRISSON que l'on place entre deux Roues, afin que, mû dans une certaine direction par l'une de ces Roues, il oblige l'autre de tourner du même fens que la premiere.

VIS SANS FIN R. Vis qu'on peut faire marcher en des sens contraires.

PIGNON S. Piece Cylindrique de Fer, dans la circonférence de laquelle font plufieurs Canelures, où peut engrener, foit une Vis, foit une Roue dentelée, felon qu'on veut fe fervir de l'une ou de l'autre pour la faire tourner.

ERRATA.

Page 20, *lignes* 12 & 13, ou de côté différent, *lifez*, ou de côtés différens.

Page 22, *ligne premiere*, ne demeurât, *lifez*, demeurât.

MEMOIRE

MÉMOIRE
SUR LE LAMINAGE
DU PLOMB.

L'ART de laminer le Plomb eſt connu depuis pluſieurs années en Angleterre ; mais l'établiſſement de cet art en France peut être mis au nombre des nouveautés , qui méritent l'attention de cette Compagnie. *

PEU de Perſonnes ignorent, que laminer un métal, c'eſt le réduire d'une certaine épaiſſeur à une moindre par le ſecours d'une forte compreſſion.

Ce que c'eſt que le Laminage.

* La Société des Arts.

A

QUOIQUE plufieurs moyens foient propres à produire cet effet fur les métaux, le choix entre ces moyens n'étoit pas indifférent à l'égard du métal, dont il s'agit dans ce Mémoire. Le Plomb par fa pefanteur eft difficile à manier. Il falloit chercher un remede à cet inconvénient. Ce métal eft d'un ufage commun. Les Acheteurs avoient intérêt qu'on diminuât leur dépenfe autant qu'il feroit poffible. Il eft de peu de confiftence. On ne pouvoit éviter avec trop de foin tout ce qui eft capable de lui caufer quelque altération.

LA Machine dont on fe fert pour le laminer, & qui eft la même que celles dont on fe fert à Hambourg pour laminer le Cuivre, fatisfait à ces trois conditions effentielles.

Voici de quelle maniere elle eft conftruite.

(3)

Un Arbre vertical A , mobile ſur ſon axe , porte une Roue de champ B horizontale. Deux au-tres Arbres C , mobiles comme le premier ſur leurs axes , ſont ſi-tués horizontalement & paralle-ment l'un ſur l'autre. Le plus éle-vé porte trois Rouës verticales , qui lui ſont aſſujetties d'une ma-niere fixe. Celle du milieu eſt un Hériſſon D. Celles des extrémi-tés ſont deux Lanternes E , & la Roue , dite Roue de Champ ou Roüet , engrene dans celle dont elle eſt voiſine. L'arbre inférieur ne porte que deux Lanternes F. Toutes deux ſont verticales : el-les ne lui ſont point aſſujetties , & elles peuvent faire leurs révo-lutions indépendamment de leur axe commun. L'une eſt ſous le Hériſſon D ; l'autre répond à la derniere Lanterne de l'Arbre ſu-périeur : mais une Rouë de ren-voy G ſe trouve entre ces deux

A ij

(4)

Rouës des extrémités ; & pour la placer , il a fallu diminuer leurs diametres.

Des Chevaux, attelés à des leviers H de treize pieds de longueur, font tourner l'arbre A vertical. Sa Roue B , agissant sur la premiere Lanterne de l'arbre horizontal le plus élevé , met ce second arbre en mouvement. Le Hérisson , entraîné par les révolutions de son axe , oblige la Lanterne inférieure correspondante , de se mouvoir dans une direction opposée , & la Lanterne , portée par le même arbre que celle ci , est forcée au contraire par la Roue de renvoy , de suivre la même direction que les Roues supérieures. Entre ces deux Lanternes est un Veroüil I , avec lequel on peut attacher alternativement à chacune l'arbre qui leur sert d'essieu.

Un Cylindre K , dont la situa-

(5)

tion est horizontale , est adapté
fixement à l'extrémité de cet arbre. Ce Cylindre est de fer fondu. Il a un pied de diamerre sur
cinq pieds de long , & son poids
est de deux mille huit cens livres.
Selon que l'arbre est conduit par
l'une des deux Lanternes, le Cylindre tourne en différens sens.
Il tourne plus vîte, quand il est mû
par la plus éloignée. La raison en
est sensible. Alors quatre Rouës
seulement agissent. Dans l'autre
cas, cinq Rouës sont nécessaires,
& par-là les frottemens sont aug-
mentés.

Au-dessus de ce Cylindre en *Voyez Pl. III.*
est un second L de même matie-
re, de même volume , & dans la
même position. Celui-ci est em-
brassé à ses deux extrémités par
un double collet M , qui lui laisse
la liberté de se mouvoir sur son
Axe , & qui , traversé perpendi-
culairement par quatre colonnes

de fer N, peut monter ou defcendre le long de ces colonnes, mais
toujours parallelement au premier Cylindre. Chaque colonne
eft tournée en vis dans fa partie
fupérieure.

Le double collet, attiré par
PL. II. une Bafcule O, tend toujours à
s'élever ; mais quatre forts E-
PL. III. crous P, que les vis des colonnes
retiennent, & dont chacun par
le bas eft armé d'une Roüe Q de
fer horizontale, s'oppofent à l'ef-
fort du contrepoids.

Une vis fans fin R, qui à l'aide
de deux Pignons S fait marcher
les Ecrous en tel fens qu'on veut,
fournit le moyen de hauffer ou
de baiffer le double collet, autant
qu'il convient d'approcher ou
d'éloigner les cylindres, & malgré leur grand poids la moindre
force fuffit pour cette opération.
Les différentes pieces, qui peuvent y fervir, compofent ce

(7)

qu'on appelle le Régulateur.

C'eft entre les Cylindres que Pl. III. les Tables de Plomb fe laminent. Le Cylindre fupérieur recevant fon mouvement de l'inférieur par le fecours de la Table interpofée, les révolutions de l'un & celles de l'autre font toujours contraires, & par cette diverfité concourent à chaffer la Table vers le même point. Après qu'elle a paffé toute entiere par le Laminoir, on tire le veroüil, & pour lors les mouvemens des Cylindres changeant de direction, la Table retourne au lieu d'où elle étoit partie. On la fait aller & venir ainfi, jufqu'à ce qu'elle foit réduite de l'épaiffeur qu'elle a en fortant de la fonte, à l'épaiffeur qu'on veut lui donner. Il n'eft pas inutile d'obferver, que jamais au retour de la Table on ne fait defcendre le Cylindre fufpendu par la Bafcule.

A iiij

(8)

Pendant le Laminage, la Table n'eſt ſoutenue dans toute ſon étendue que par des Rouleaux T qui ſont mobiles ſur leurs axes, & portés par un Chaſſis V. Ce Chaſſis a cinquante pieds de long ſur ſix de large, & les Cylindres ſont poſés en travers dans le milieu de ſa longueur.

Pl. III. Près d'une de ſes extrémités, & vis-à-vis la forme où l'on coule le métal, eſt une Grue tournante *A*. Elle ſert pour tirer du moule la Table *B*, & pour la porter au Laminoir. Le Fondeur a ſoin, en jettant la Table, de former un anneau dans le milieu du côté qu'elle préſente à la Gruë. On accroche au cable de la Gruë cet anneau, & quoique les Tables, dont ordinairement la longueur eſt de ſix pieds, la largeur de quatre pieds huit pouces, & l'épaiſſeur de dix-huit lignes, peſent environ deux mille ſix cens livres ; deux hommes peuvent les enlever par la méchanique suivante. Un Cric *C*, adapté fixement au Cylindre *D* sur lequel se dévide le cable *E*, engrene dans une petite Lanterne de fer *F*, & l'essieu de cette Lanterne est terminé des deux côtés par une manivelle *G*. Les hommes, en tournant les manivelles, font marcher par le moyen de la Lanterne le Cric, dont le mouvement oblige le cable de se plier sur le Cylindre, & la Table de monter à la hauteur à laquelle il est nécessaire de l'élever.

Il ne faut pas une plus grande force, pour verser de l'auge dans le moule le Plomb fondu. L'auge, aussi longue que le moule est large, présente sa longueur à la largeur du moule, & peut contenir trois mille cinq cens livres de métal. Dix ou douze pieds au-dessus de l'auge est un arbre hori-

zontal , & mobile fur fon axe.
Deux leviers , fitués ainfi que l'arbre horizontalement , le traver-
fent à angles droits , & vers chacune de fes extrémités il eft armé
d'une demi-poulie. L'auge eft
attachée par deux de fes angles à
des cables , qui paffent fur les
demi-poulies , & qui faifant di-
verfes circonvolutions autour de
l'arbre , lui font fortement affu-
jettis. En baiffant les leviers du
côté oppofé à l'auge , on la fait
lever du côté dont elle eft attachée , & le Plomb coule en nape
dans le moule , d'un mouvement
toujours également prompt.

Des princi-
paux moyens
dont on s'eft
fervi pour re-
médier à la
pefanteur du
Plomb.

DE la conftruction & des opérations que je viens de décrire ,
réfultent les trois avantages de-
mandés.

ON conçoit aifément que tout
Corps fe meut avec d'autant plus
de facilité , qu'un plus petit nom-

bre de parties de sa surface touche les corps voisins, & qu'ils lui sont moins d'obstacle.

On conçoit aussi aisément, que moins l'allure des Chevaux est contrainte, & moins ils ont de poids à soutenir, moins ils se fatiguent.

Par le moyen de la Gruë tournante, avant le Laminage, & par le moyen des Rouleaux, pendant que la Table se lamine, le métal éprouve le moins de frottemens & de résistance qu'il est possible.

Par la longueur des leviers auxquels les Chevaux sont attelés, on leur épargne du travail. Plus le cercle qu'ils parcourent a de diametre, plus la portion de cercle, qu'ils décrivent à chaque instant, approche de la ligne droite, & plus par conséquent ils tournent avec aisance. Plus ils sont éloignés du corps sur lequel ils agiſſent, moins ils ſentent de poids, & moins par conſéquent ils ont de peine à le mettre en mouvement.

L'Inventeur du Laminoir ne s'eſt pas ſeulement propoſé de faciliter les opérations : il s'eſt efforcé d'en diminuer le nombre.

Si chaque Cylindre faiſoit toujours ſes révolutions du même ſens, on ſeroit obligé, après le premier paſſage de la Table, de la reporter d'un côté du Chaſſis à l'autre, pour qu'elle pût paſſer une ſeconde fois.

Si l'on ne pouvoit faire marcher chaque Cylindre de différens ſens, qu'en faiſant marcher alternativement le Roüet en ſens contraires, il ſeroit d'une néceſſité indiſpenſable que les Chevaux tournaſſent tantôt d'un ſens, & tantôt du ſens oppoſé.

Pour laminer le métal à une ligne, il faudroit ainſi près de

deux cens fois tranſporter la Table, & changer la direction des
Chevaux.

En changeant celle du mouvement des Cylindres, on ſup-
plée au tranſport de la Table.

En ſe ſervant d'un Veroüil
pour opérer ce changement, on
ſe diſpenſe de donner alternativement aux Chevaux une direction
différente.

Un autre point étoit impor-
tant. Si quand on veut éloigner
les Cylindres l'un de l'autre, on
employoit, pour faire monter le
Cylindre ſupérieur, les moyens
dont on a coutume de ſe ſervir
pour lever les corps peſans, il
ſeroit difficile de le mettre préci-
ſément à la hauteur dont on auroit beſoin. Il ſeroit plus difficile
encore, après qu'on l'y auroit
mis, de s'aſſurer qu'il ne deſcend
pas par ſon propre poids : attention cependant néceſſaire, parce

que toutes les fois que la Table revient au lieu d'où elle est partie, l'approximation des Cylindres, comme on verra plus bas, pourroit être nuisible. Le premier article exigeroit beaucoup de tâtonnemens. Le second imposeroit beaucoup de sujetion. Avec le Régulateur & la Bascule, on évite un double embarras.

Moyennant ces divers secours, c'est assez de six hommes pour servir la machine, & de six chevaux pour la faire marcher toute l'année onze heures par jour, & l'on peut en dix heures de travail réduire une Table à une ligne d'épaisseur.

Par quelles raisons le Plomb Laminé est moins coûteux, que le Plomb simplement fondu.

La modicité des frais du Laminage produit celle du prix du Plomb laminé. Ce prix n'excede pas de beaucoup celui du Plomb ordinaire.

Quoique celui-ci coûte un

peu moins que l'autre ; cependant il y a de l'épargne à faire ufage du Plomb de la nouvelle Manufacture.

Cette épargne eft double. On confomme moins de matiere, & l'on employe moins de foudure.

Le Plomb fimplement fondu ne peut jamais être égal dans fon épaiffeur. On demande au Plombier cent pieds quarrés de Plomb d'une ligne. Si les Tables qu'il livre n'avoient précifément qu'une ligne dans toutes leurs parties, cent pieds ne peferoient qu'environ cinq cens cinquante. Mais ces Tables ont toujours en différens endroits une ligne & demie, deux lignes, & fouvent davantage ; & par cette raifon cent pieds pefent quelquefois huit & neuf cens. Ainfi l'on eft contraint d'acheter beaucoup plus de matiere, qu'on n'a befoin d'en employer.

Le Plomb de la Manufacture

eſt toujours au contraire d'une épaiſſeur parfaitement égale , & les différens morceaux , coupés d'une Table à tel endroit qu'on voudra , feront toujours de même poids , s'ils font de même grandeur & de même condenſité. Ainſi, point de matiere fuperflue.

Si l'on compare fur ce principe la dépenſe d'un Ouvrage fait de nouveau Plomb , avec celle d'un Ouvrage de même nature fait de Plomb commun , on trouvera la différence d'un tiers de matiere pour certains Ouvrages , & de moitié pour d'autres.

On pourra dire qu'à la vérité l'on porte plus d'argent chez le Plombier , mais qu'auſſi l'on remporte plus de marchandiſe , & que cette marchandiſe a une valeur réelle.

La Réponſe à cette objection fe préſente naturellement.

Ce n'eſt pas perdre une fomme,

que d'en acheter un effet, dont on peut toujours retirer la valeur. Mais c'eſt ſe priver gratuitement de la joüiſſance de cette ſomme, que de l'échanger contre un effet qui ne peut être d'aucune utilité.

En ſe ſervant du Plomb du Laminoir, on épargne ſur la ſoudure, auſſi-bien que ſur la matiere.

Les Tables ayant, après qu'elles ſont laminées & coupées, vingt-cinq & trente pieds de long ſur quatre pieds huit pouces de large, ont une fois plus de longueur & de largeur que les Tables ordinaires. De cette différence, il ſuit qu'il faudra la moitié de ſoudure de moins dans la plûpart des Ouvrages de grand trait *.

Non - ſeulement on dépenſe moins de matiere & de ſoudure,

---

* Il eſt queſtion ici des Ouvrages où l'on n'eſt pas obligé de multiplier les Soudures, pour augmenter la ſolidité.

mais encore on diminue les frais de la Charpente & des réparations.

Le Plomb commun furcharge la Charpente par l'excès d'un poids inutile. Le nouveau Plomb ne la charge que d'un poids néceſſaire. Pour un moindre poids, il faut un moindre foutien *.

Les inégalités du Plomb commun, lorſqu'il eſſuye quelques fecouſſes violentes, ou que ſes endroits les plus épais manquent de ſupport, occaſionnent néceſſairement des caſſures aux endroits foibles. Dans le nouveau Plomb, il n'eſt point d'endroits foibles, du moins eu égard à l'épaiſſeur, puiſqu'elle eſt la même dans toutes les parties.

* L'Auteur n'ignore pas que les Charpentiers donnent ſouvent à leursPieces de bois plus de volume que n'en exige l'uſage auquel elles ſont deſtinées ; mais il ſuppoſe que le Gouvernement, ou le Particulier lui-même, puiſſe remédier à cet abus.

Les tuyaux faits du premier font fujets à des éruptions fré-quentes. Sa furface peu liffe en eft une caufe. Le limon y dépofe toujours quelque fédiment, & ce fédiment intercepte dans la fuite le paffage de l'air & l'écoule-ment des eaux. Le fecond étant d'une furface très-unie, les vafes que l'eau charie, couleront plus aifément fur cette furface, & s'y arrêteront moins.

On objecte que les vafes, en s'arrêtant fur la furface du Plomb fimplement fondu, doivent in-fenfiblement la rendre égale. Mais il eft évident qu'elle ne peut jamais par-là le devenir autant que celle du Plomb laminé, & nous fommes en droit de dire que celui-ci, puifqu'il éprouve moins d'accidens que l'autre, exige moins de réparations.

Ces raifons d'œconomie ne feroient pas fuffifantes pour faire préférer le Plomb de la Manufacture à celui des Plombiers, si le Plomb dans le Laminage souffroit quelque altération, ou par le déchirement, ou par la division de ses parties.

On déchire les parties d'un métal, quand après les avoir couchées en un sens, on vient à les rebrousser en sens contraire.

On les divise, quand on les oblige de se mouvoir, ou de côté différent, ou du même côté, mais plus vîte les unes que les autres.

C'est dans le dessein d'éviter le premier inconvénient, qu'on ne comprime jamais la Table que dans la même direction.

Comment on
évite l'altéra-
tion du Métal. C'est dans la vue de prévenir le second, que pour comprimer la Table, on a choisi l'action de deux Cylindres, & qu'on observe de prendre des Cylindres d'un grand diametre & d'un égal volume, & de les tenir exactement paralleles.

Toute preſſion met en mou‑
vement les parties du métal. La
preſſion continue a cet avantage,
qu'elle les meut toutes dans un
même ſens.

En vain ces parties ſeront-elles
mues dans un même ſens, ſi les
unes ſe meuvent plus vîte que
les autres.

Un moyen d'empêcher cette
inégalité de mouvement, c'eſt
de faire enſorte que les Cylindres
agiſſent également, & ſur les ſur‑
faces des Tables, & ſur toute la
matiere qui ſe trouve entre ces
ſurfaces, & que non-ſeulement
l'une & l'autre ſurface, mais cha‑
cune de leurs parties, ſouffrent
un même degré de preſſion.

Si les Cylindres n'étoient pas
d'un diametre proportionné à l'é‑
paiſſeur des Tables, le Levier par
lequel ils preſſent n'auroit pas
aſſez de force, & l'on courroit
riſque que le milieu de l'épaiſſeur

du métal ne demeurât en repos, tandis que les parties qui terminent cette épaisseur seroient en mouvement.

S'ils étoient inégaux, le Cylindre, qui seroit d'un petit volume, communiqueroit moins de mouvement à la superficie qu'il toucheroit, que l'autre superficie n'en recevroit du Cylindre, dont le volume seroit plus considérable.

S'ils n'étoient pas paralleles, les différentes parties de chaque ligne comprimée auroient différens degrés de vîtesse.

Dans le premier cas, le lit supérieur & le lit inférieur de la Table se sépareroient nécessairement des Lits intermédiaires. Elle ne devroit son accroissement qu'à des feüilles détachées, qui pouffées par les Cylindres, viendroient se rabattre les unes sur les autres à son extrémité. Ces Feüil-

les feroient alors placées vertica-
lement , & quand on rapproche-
roit les Cylindres , elles ne pourroient plus paffer fans fe plier &
fans fe brifer.

Dans le fecond cas, le lit voifin
du plus gros Cylindre recevroit
une extenfion & plus grande &
plus prompte, que le lit voifin
du Cylindre plus foible. Il en feroit de même des autres lits cor-
refpondans dans chaque moitié
de l'épaiffeur de la Table. Tous
ces lits , marchant d'une inégale
vîteffe, cefferoient de faire corps.
Le métal ne feroit plus compofé
que de plufieurs couches entiére-
ment défunies. Peut-être même
à la fin la Table fe rouleroit - elle
fur l'un des Cylindres.

Dans la troifieme fuppofition ,
il arriveroit felon les apparences
ce qu'on voit arriver lorfqu'en
forgeant un morceau de métal ,
on ne frappe que fur l'un des

bords. Le côté de la Table le plus comprimé, au lieu de s'allonger en ligne droite, décriroit une courbe, & la Table infensiblement formeroit un demi-cercle, auquel le point du plus grand éloignement des Cylindres serviroit de centre. Plus on approcheroit de ce centre, plus on trouveroit d'épaiffeur, & moins les parties auroient de mouvement. Plus on approcheroit de la circonférence, plus l'épaiffeur diminueroit, & plus auffi les parties acquéreroient d'accélération. La plûpart, contraintes par la preffion d'abandonner leurs places, s'échapperoient du côté dont elles éprouveroient moins de réfiftance, & elles refouleroient celles qui feroient moins comprimées.

Nouvelle précaution importante. POUR ne pas courir ce rifque, ce n'eft pas affez que les Cylindres foient paralleles ; il faut auffi que

la

(25)

la Table, autant qu'il est possible,
soit jettée d'une égale épaisseur.
Les Anglois, & après eux les Entrepreneurs de la Manufacture ,
ont reconnu cette nécessité. Ne
pouvant éviter qu'il se trouvât
toujours quelque légere différence , & sentant que cette différence deviendroit d'autant moins
importante que les Tables seroient plus épaisses , ils ne leur
donnent jamais moins de seize
à dix-huit lignes.

Ils ont une seconde raison d'en
user ainsi. Quand on coule le
Plomb, toutes les vases & les parties les plus brûlées prennent le
dessus , & c'est à cause de cela
que le lit supérieur de la Table
s'appelle le *Feu.* Elle est d'autant
plus parfaite, que ce lit après l'é-
cumage du Rable est moins épais,
& plus la Table a d'épaisseur ,
moindre est l'épaisseur de ce lit
relativement à celle de la Table.

B

Par la précaution que nous venons de dire, & par les autres marquées ci-dessus, les Entrepreneurs se sont mis en état de n'avoir point à craindre du Laminage les mauvais effets dont on a vu le détail.

La figure réguliere & l'égalité parfaite des Tables Laminées montrent suffisamment, que le nouveau Laminoir ne produit pas le dernier de ces effets. Deux expériences prouvent qu'il ne produit, ni le premier, ni le second.

Que sur les Tranches des côtés d'une Table, à quelque distance de sa fin, l'on trace plusieurs lignes droites qui coupent l'épaisseur du métal ; à quelque degré qu'on le lamine, ces lignes paroîtront toujours conserver la même rectitude à l'égard des extrémités de la Table.

Il est presque superflu de remarquer que le contraire arrive roit, si les divers lits du métal cessoient d'être unis. Il est aussi superflu de faire observer, que si la position demeure la même entre les divers lits du métal, elle demeure à plus forte raison la même entre les diverses parties de chaque ligne comprimée.

Qu'à l'extrémité de la Table, du côté dont se fait son principal accroissement, on marque d'un signe reconnoissable quelque endroit; on verra ce signe subsister encore après le Laminage. Cela ne pourroit être, si l'augmentation de la longueur des Tables ne venoit que de l'addition de la matiere, qui se détacheroit de leurs superficies.

Une troisieme expérience, répétée chaque jour à la Manufacture, fait voir combien les Cylindres agissent également, & sur les surfaces de la Table, & sur le milieu de son épaisseur. Jamais,

quand la Table eſt parvenueà ſa
plus grande longueur , ſes ſurfaces aux extrémités ne débordent
que d'une ou de deux lignes les
lits qui ſe trouvent entre deux.

Il eſt donc certain, que dans le
Laminage les parties du métal ne
changent pas ſenſiblement de ſi-
tuation les unes par rapport aux
autres. Mais de quelle maniere
les Tables s'allongent-elles ? C'eſt
ce qu'il faut examiner.

Les parties du Plomb dans leur
état naturel ſont ſphériques. Pour
peu qu'après avoir fait fondre un
morceau de ce métal, & l'avoir
laiſſé ſe refroidir, on le rompe ;
on en diſtingue les grains.

Ces grains s'applatiſſent par
la preſſion. Si après avoir forgé
le métal, on conſidere les tranches, ou qu'on découvre l'intérieur, on s'apperçoit du changement de la configuration des parties.

Lorſque ces parties, en s'applatiſſant, ont rempli les intervalles qu'auparavant elles laiſſoient vuides, celles qui ſont rangées dans une certaine ligne ne peuvent occuper un plus grand eſpace, ſi elles ne chaſſent celles du rang ſuivant, & ces dernieres ne peuvent reculer, ſans faire reculer toutes celles des rangs plus éloignés.

Ces Principes établis, il eſt aiſé d'expliquer de quelle maniere ſe fait l'accroiſſement des Tables entre les Cylindres. Il doit être proportionné à celui de chacune des parties, qui compoſent chaque rang de la longueur des Tables, & cent de ces parties ne peuvent croître chacune d'une ligne, que la Table ne croiſſe de huit pouces quatre lignes. Elle ne s'allonge pas fort conſidérablement, tant que les parties du métal conſervent quelque choſe de leur premiere rondeur. En cet

De quelle maniere la longueur des Tables augmente ſi conſidérablement par le Laminage.

état, les parties ne font pas comprimées dans toute leur furface:
par conféquent elles ne doivent
recevoir qu'une médiocre extenfion. Elles ne touchent que par
des lignes fort courtes les parties
du rang voifin : par conféquent
elles ne peuvent les pouffer qu'a-
vec une force médiocre. Quand
toutes ces parties font changées
en Lames, chacune eft comprimée dans toute fa fuperficie, &
doit ainfi s'étendre plus qu'auparavant : chacune touche par une
ligne d'une certaine longueur la
lame qu'elle pouffe, & dès-là
l'impulfion doit être plus forte,
que lorfqu'elle fe faifoit par une
ligne plus courte. Plus ces Lames deviennent minces, plus elles s'allongent à chaque preffion
de la Table ; plus par conféquent
elles obligent les Lames fuivan-
tes de reculer, & plus l'accroif-
fement de la Table devient fenfi-
ble.

Quelqu'un demandera sans doute, comment les grains du métal
se transformant en Lames, & les
Lames ne se déplaçant point, il
se peut faire que la largeur de la
Table n'augmente pas, & que
son épaisseur diminue souvent de
dix-sept dix-huitiemes.

Deux réponses satisfont à cette
question.

La Table ne s'élargit point,
parce que les Lames, qui passent
ensemble entre les Cylindres,
souffrent dans cet instant une égale pression, & qu'elles s'empêchent ainsi réciproquement d'ac-
querir en largeur plus d'espace
que n'en occupoient les Grains.

L'épaisseur de la Table diminue, & le nombre des lames, dont
cette épaisseur est composée, ne
diminue point, parce que la Table devenant plus mince de dix-
sept dix-huitiemes, les Lames,
ou prises séparément, ou prises

B iiij

enſemble, perdent auſſi dix-ſept
dix-huitiemes de leur épaiſſeur.

UNE maniere d'opérer, ſi ſim-
ple & ſi convenable au métal ,
pouvoit aſſurer au Laminoir l'approbation des Juges déſintéreſſés,
mais elle ne pouvoit le garantir
de la critique des perſonnes qui
ont intérêt d'en décrier l'uſage.

*Défauts re-
prochés au
Plomb de la
Manufacture
dans un Ou-
vrage intitu-
lé : Obſerva-
tions ſur le
Plomb laminé.*

SI on les en croit, cette Machine rend le plomb double , &
lui fait perdre ſa malléabilité : les
Tables Laminées ſont remplies
de ſoufflures : on y remarque pluſieurs lits de craſſe & de corps
hétérogenes : aux extrémités, la
ſéparation des feüillets eſt ſi grande , qu'on peut placer la main
entre deux : à la tranche des côtés, on voit diverſes couches ap-
pliquées les unes ſur les autres, &
ces couches finiſſant en différens
endroits , on ne peut douter du
dérangement des parties du métal : il ſuffit de dérouler les Tables

pour en fentir la roideur, & pour
que les furfaces, & fur-tout l'une
des deux, fe bourfoufflent : quand
on ouvre les bouffiffures, on
trouve que ce font des feüillets,
& qu'ils fe détachent, fans avoir
jamais été joints : leur disjonction
& les lits de craffe, qui les fépa-
rent, empêchent la foudure, même celle qui eft plus forte que la
foudure ordinaire, de mordre fur
aucune des Tables : enfin, elles
font plus ufées par le Laminage,
qu'elles ne pourroient l'être par
le fervice de plufieurs fiecles, &
les Vaiffeaux, faits de Plomb de la
Manufacture, perdent l'eau de
deux manieres différentes. A certains endroits, elle dégoute direc-
tement : en d'autres, elle filtre
par des détours imperceptibles,
& forme des efpeces de bouteil-
les fur la furface extérieure.

QUELQUES perfonnes ont examiné ce Plomb avec foin, &

Expériences
& raifonne-
mens qui dé-
truifent ce qui

eſt dit dans l'Ouvrage intitulé : *Obſervations*, &c.

elles n'y ont point reconnu les défauts que ſes Adverſaires lui reprochent.

Les Plombiers, pour découvrir ſi leurs Tables ſont doubles, ont coutume de frapper doucement deſſus avec quelque inſtrument de bois, & par la ſurdité du coup ils ſont avertis de la défectuoſité du métal. On a uſé de cette épreuve ſur diverſes Tables de la Manufacture ; le ſon d'aucune n'a paru ſuſpect.

On a roulé & déroulé pluſieurs Tables priſes au hazard, les unes de Plomb Laminé, les autres de Plomb ordinaire. Celles de la premiere eſpece ont fait moins de réſiſtance & moins de bruit que celles de la ſeconde. On a pris dans les deux eſpeces quelques morceaux de même grandeur. Leur épaiſſeur étoit pareille, autant que le pouvoit permettre l'inégalité du Plomb commun.

(35)

Après avoir placé sur une Table
les uns & les autres de maniere
que la moitié de chacun débordât
la Table, & après les avoir assu-
jetis, on a chargé de poids égaux
les moitiés que rien ne soutenoit.
Le Plomb du Laminoir a toujours le plutôt cédé.

Il n'étoit besoin d'aucune re-
cherche, pour sçavoir si ce Plomb
a des soufflures. Cette imperfec-
tion, venant de l'humidité du sable dans lequel on coule le métal,
se rencontre dans celui-ci, comme dans celui des Plombiers. On
doit observer seulement, que
dans les nouvelles Tables les
soufflures sont un peu plus longues & plus larges, mais beaucoup
moins profondes, & par-là à certains égards d'une conséquence
bien moins dangereuse que dans
les Tables ordinaires *. Les Cy-

* Plus les soufflures sont profondes, moins
il reste d'épaisseur au métal, lorsque la partie

B vj

lindres, obligeant l'air de s'étendre, doivent produire cette différence.

A l'égard des Lits de Matiere
étrangere, l'attention la plus fcru-
puleufe ne peut en faire apperce-
voir aucun dans l'intérieur du
Plomb de la Manufacture. Il eft
parfaitement homogene. Sans
doute on trouvera quelque craffe
aux deux fuperficies. L'air, &
les autres corps qui les touchent,
y dépofent néceffairement des
impuretés. Tous les corps font
fujets à cet inconvénient. Quand
même on en garantiroît le Plomb,
les parties brûlées qui, comme
nous avons dit, fe trouvent dans
le lit fupérieur, feroient toujours
paroître la matiere de ce lit moins
pure que le refte du métal.

Dans aucune des Tables, la
tranche des deux bouts ne s'en-

qui couvroit le vuide eft enlevée, foit par
l'action du Soleil, foit par quelque autre caufe

tr'ouvre au point que les Plombiers voudroient le perfuader.
Mais on y remarque des efpeces
de feüillets , qui fe détachent
quelquefois les uns des autres.
Cela n'eft pas furprenant. Lorfqu'une certaine ligne de la largeur
de la Table eft comprimée , les
Cylindres , en chaffant la Table
d'un côté , rencontrent de l'autre
une éminence , formée fucceffi-
vement de tous les rangs tranf-
verfaux des parties du métal. Les
premiers rangs , foutenus par tous
ceux qui font derriere , réfiftent
affez pour que les divers Lits ,
dont chacun eft compofé , de-
meurent dans la même fituation ,
les uns par rapport aux autres.
Les derniers rangs au contraire
ont moins d'appui. L'obftacle, qui
dans le refte de la Table empêche
les Cylindres d'agir plus fur les
furfaces que fur le milieu de l'é-
paiffeur , devient moins grand

vers les extrémités. Ainsi, près de ces extrémités, les lits voisins des Cylindres doivent être mus un peu plus vîte que les plus éloignés. Cette différence n'est pas assez considérable pour causer un dérangement sensible entre les divers lits, mais elle peut l'être assez pour causer leur séparation, si les Chevaux, en s'arrêtant trop brusquement, donnent des secousses trop violentes au métal. L'accident, dont il est question ici, n'est point particulier au Plomb. On éprouve le même effet sur l'Or & sur l'Argent aux Laminoirs des Monnoyes, & à l'Argue ou à la Filiere chez les Ouvriers qui tirent des métaux ; & quand on déchire les Tables de la Manufacture à deux ou trois pouces de leurs extrémités, on trouve la matiere très-compacte. Il est à propos d'ajouter que les Entrepreneurs ne délivrent au-

cune Table dont on n'ait ôté cette partie défectueuse, ce que l'on
appelle *Parer*, & ce que les Plombiers eux-mêmes font obligés de
faire à leur Plomb, pour en ôter
les bavures.

Peut-être découvrira-t-on dans
la tranche des côtés des nouvelles Tables certaines couches, qui
ne font pas de toute la longueur de
ces Tables. Quelque précaution
qu'on prenne pour jetter le métal
de la même épaiffeur, il a toujours quelques inégalités. Quand
elles font produites par la fura-
bondance de matiere, le nombre
des lits de la Table augmente.
Ces lits furnuméraires finiffent,
où la matiere fuperflue commen-
ce à manquer.

Divers morceaux de Plomb du
Laminoir ont été contournés d'u-
ne infinité de façons différentes.
A deux de ces morceaux feule-
ment, il s'eft élevé des bouffiffu-

res. On les a ouvertes, & l'on a reconnu qu'elles étoient caufées, ainfi que celles du Plomb ordinaire, par des ventofités.

Aux endroits où ces ventofités fe rencontrent, les lits dans l'un & l'autre Plomb font disjoints par l'air interpofé. Plus bas, ils font unis auffi intimement dans l'un que dans l'autre.

Toutes les fois qu'on a fait fouder des tuyaux du premier, il a très-bien pris la foudure. Refroidie, elle a réfifté à tous les efforts qu'on a faits pour l'enlever, & cette foudure n'étoit compofée, comme celle qui eft en ufage, que de deux parties de Plomb fur une partie d'Eraim.

Pour ce qui regarde la derniere objection, l'on s'eft informé s'il y avoit à Paris quelques Réfervoirs faits de Plomb de la Manufacture. Les Entrepreneurs en ont indiqué deux, l'un à l'Hôpital de

(41)

la Pitié, l'autre à la Salpêtriere. Le premier eſt à couvert, & n'a pas une grande capacité. Le ſecond eſt expoſé à l'air, & contient deux mille vingt-cinq pieds cubes. L'extérieur de l'un & de l'autre a paru très-ſec. Afin d'avoir de nouvelles preuves que le Plomb Laminé conſerve bien l'eau, l'on a fait quelques Vaiſſeaux de ce Plomb, & pendant près de trois mois ils n'ont donné aucune marque que l'eau ſe perdît, ni par écoulement, ni par filtration.

SON ALTESSE SÉRÉNISSIME *, qui daigne faire ſon intérêt particulier du ſuccès de tous les établiſſemens utiles, a voulu, pour mieux juger des effets du Laminoir, le voir deux jours différens. Par toutes les expériences que

---

* MONSEIGNEUR LE COMTE DE CLERMONT. Ce Prince préſidoit à l'Aſſemblée dans laquelle l'Auteur a lû ce Mémoire.

peut conseiller la curiosité secon-
dée des lumieres, elle s'est assu-
rée de la vérité des faits que j'a-
vance. Un de Messieurs les Honoraires[1], que son zele pour l'em-
bellissement d'un Edifice, destiné
au Culte Divin, rend avide de
s'instruire de tous les secrets des
Arts, a mis les nouvelles Tables aux plus rudes épreuves. Ce
n'a jamais été qu'à l'avantage du
Laminoir. Messieurs Aubert[2], Renard[3], Habert[4] & de Gua[5], me
dispensent par leur Rapport, de

[1] M. le Curé de S. Sulpice.

[2] Feu M. Aubert étoit Architecte, & de l'A-
cadémie Royale d'Architecture. C'est lui qui
a donné les Desseins, & a conduit le Bâtiment
des nouvelles Ecuries du Château de Chan-
tilly.

[3] M. Renard du Tasta, Directeur de la Mon-
noye de Paris, est mort avec la réputation d'un
des hommes les plus versés dans toutes les
connoissances, qui ont pour objet l'emploi des
Métaux.

[4] M. Habert, habile Chymiste.

[5] M. l'Abbé de Gua, de l'Académie des
Sciences, & Professeur de Philosophie au Col-
lége Royal.

(43)

parler du jugement * qu'ils ont
porté de ces Tables. Plufieurs
autres Membres de cette Compagnie ont fuivi d'un œil curieux
les opérations du Laminage.
Quelques-uns ont vu les Réfervoirs. Tous ont unanimement ac-
cordé leurs fuffrages à la Manufacture.

L'EXAMEN de Meffieurs d'Ons-
en-Bray, de Meyran & Geoffroy, Jugement de l'Académie des Sciences.
nommés par l'Académie des
Sciences pour donner leur avis
au fujet du Plomb Laminé, n'a
pas été moins favorable à ce
Plomb que l'examen des perfonnes déja citées. L'Académie, fur le témoignage de ces
trois Commiffaires, ne s'eft pas
contentée, comme quelques
gens l'infinuent, de louer la Machine avec laquelle on lamine le

* Ces Meffieurs avoient été choifis par la
Société des Arts, pour examiner le Laminoir
& le Plomb de la Manufacture. Leur Rapport
eft imprimé à la fuite de ce Mémoire.

métal. Elle approuve le métal même, & elle a jugé, ainsi qu'il paroît par un Extrait de ses Regiſtres *, *que les Tables ſortent d'entre les Cylindres ſans vents ni ſoufflures ; qu'on peut s'en ſervir très-utilement à couvrir des Égliſes & des Terraſſes, & à conſtruire des Réſervoirs & des Baſſins, & que les objections des Maîtres Plombiers contre l'uſage du Laminoir ne ſont point ſuffiſantes.* Sans doute en prononçant que les Tables n'ont ni vents ni ſoufflures, elle a ſeulement entendu que les vuides, cauſés par ces imperfections, ne ſont nulle part d'une profondeur apparente. Ce n'eſt pas ſeulement la Compagnie en corps, qui s'eſt déclarée pour le Plomb Laminé. Quelques Académiciens en font uſage dans leurs Bâtimens.

* On trouvera, après le Rapport des Commiſſaires & le Jugement de la Société des Arts, l'Extrait des Regiſtres de l'Acad. des Sciences, & les autres Certificats qui ſeront énoncés.

Dans une queſtion où il ne s'a- giroit que d'une Théorie ſçavante & délicate, on ne s'aviſeroit pás de joindre d'autres autorités à celle de l'Académie des Scien-ces. Mais dans une matiere de la nature de celle que nous traitons, ſon Jugement acquiert une nou-velle force, en étant confirmé par celui des gens de l'Art. Meſ-ſieurs Denis, Chevillard & Vitri, tous trois Fontainiers du Roi, dans un Procès-verbal qu'ils ont fait par ordre de Monſieur le Duc d'Antin, certifient,

Que la méthode uſitée à la Manufacture, de jetter les Tables en Bâtardeau de même largeur que la Table, leur a paru la meil-leure à cauſe que les vaſes & le Plomb brûlé ſe ſéparent mieux du bon Plomb par le moyen du Rable, qui rejette dans les Lin-gotieres le ſuperflu de la Table;

Que le Laminage, fait de la

Table entre deux Cylindres ;
lui donne une épaiſſeur parfaitement égale, remplit les pores,
fait devenir le métal de même nature que celui qui eſt forgé ſur la
Table de Lyés avec la maſſe, &
le rend très-propre à faire des
Réſervoirs, Baſſins, Chaîneaux,
Faîtages, Lucarnes, Tuyaux de
deſcente, & autres Ouvrages de
même eſpece ;

Que les Plombs de la Manufacture, qui peuvent être tournés
en tuyaux, prendront bien la
ſoudure, tant en nœuds qu'en
longueur, & feront de bons
tuyaux ;

Que ſi les nouvelles Tables ne
ſont pas exemptes des accidens
qui arrivent à toute eſpece de
Plomb, elles paroiſſent du moins
à tous égards ſupérieures aux Tables ordinaires.

Jugement des
Architectes. PRESQUE tous les Architectes
les plus célébres ſont d'accord

fur ces articles avec les Fontainiers, & l'Académie d'Architecture doit bien-tôt, en donnant au
Laminoir des marques autenti-
ques de fon approbation, dé-
tromper le Public des bruits
qu'on avoit répandus, qu'elle
n'étoit pas favorable à cette machine *.

APRÉS tant de témoignages en faveur de la Manufacture, on ne peut gueres révoquer en doute fon utilité, fur-tout lorfqu'on eft inftruit que depuis le commen-cement de ce fiecle les Anglois, Nation auffi verfée dans la con-noiffance des Arts, que célébre par fes progrès dans les Sciences, ne fe fervent dans tous leurs Ou-vrages que de Plomb Laminé. Les Plombiers publient que cet-te Nation en confomme peu, &

Les Jugemens précédens confirmés par l'expérience des Anglois.

* Depuis la lecture de ce Mémoire, l'Académie d'Architecture a donné la décifion que
l'on promet ici. Voyez page 70.

qu'elle n'en employe qu'en peu d'endroits, & par petits morceaux. Un feul fait détruit cette objection. Les Ouvrages des Laminoirs fuffifent pour occuper deux mille Ouvriers dans Londres, & dix mille dans le refte de l'Angleterre. On ne lamine dans ce Pays que des Tables de cinq pieds de large. Donneroit-on cette largeur aux Tables, fi l'on n'avoit befoin que de morceaux d'une petite fuperficie ? D'ailleurs la Ville de Londres n'a point de maifon qui n'ait fon Réfervoir, & point de Réfervoir qui ne foit de Plomb. La plûpart des Eglifes y font couvertes de ce métal, & dans toute la Grande Bretagne il eft rare de voir fur quelque Bâtiment un peu confidérable, foit public, foit particulier, une autre couverture. Tous ces faits ont été conftatés par plufieurs Lettres qu'on a reçues. Ils viennent de

l'être

l'être de nouveau par la réponse de M. l'Ambassadeur de France* à M. le Duc d'Antin **. M. le Duc d'Antin sur cette réponse a résolu de faire employer du Plomb Laminé dans le premier Ouvrage qu'ordonnera Sa Majesté.

A ces faits, on en oppose un qui d'abord paroît digne d'attention.

Par l'Article XXXVI. des Statuts des Maîtres Plombiers, il leur est défendu de débiter du Plomb passé par le Moulin.

Le Laminoir, disent les Adversaires de la nouvelle Manufacture, est un Moulin à Plomb, comme le Moulin à Plomb est un Laminoir. On a proscrit le Moulin, parce qu'il détérioroit le

Objection tirée d'un article du Reglement des Plombiers.

* M. le Comte de Broglie, depuis Maréchal de France, mort l'année derniere.

** Feu M. le Duc d'Antin, Bisayeul du jeune Duc de ce nom, & Directeur Général des Bâtimens du Roi.

C

métal. On a donc aussi proscrit le Laminoir , puisque sous un différent nom il doit opérer les mêmes effets.

Réponse à cette objection.

Les Entrepreneurs de la Manufacture peuvent répondre à cette objection ,

Que l'on suppose gratuitement que le Laminoir est la même machine que le Moulin ;

Que quand on prouveroit que c'est la même machine , il faudroit prouver qu'elle n'a point été perfectionnée ;

Que quand même il seroit constant qu'elle n'a point été perfectionnée , ce ne seroit pas la premiere machine utile , qui auroit essuyé dans sa nouveauté des contradictions.

Arrêt du Parlement , qui montre le peu de validité de cette même objection.

Lorsque le Parlement a ordonné par son Arrêt l'enregistrement des Lettres , qui donnent aux Entrepreneurs le Privilege d'établir un Laminoir , cette Compagnie n'ignoroit pas l'Article du Reglement des Plombiers. Ce n'eſt qu'après s'être fait inſtruire des différences, qui ſont entre ce Laminoir & le Moulin dont elle a défendu l'uſage, qu'elle a fait droit ſur la demande des Entrepreneurs, & débouté les Plombiers de leurs oppoſitions. Il feroit hardi d'avancer qu'elle a prononcé légérement, ou qu'on l'a ſurpriſe. Une diſcuſſion, qui a duré pluſieurs mois, a précédé la déciſion. Cette déciſion n'a été donnée que ſur l'avis de Meſſieurs de l'Académie des Sciences, & l'Académie a pour garans de ſon avis trois de ſes Membres les plus diſtingués.

On aura de la peine à croire que l'Académie ſe ſoit trompée, ou qu'elle ait voulu tromper le Parlement. On n'aura pas moins de peine à ſe perſuader, que les Tables des Plombiers puiſſent,

C ij

je ne dis pas être préférées , mais comparées à celles de la Manufacture , pour peu qu'on fasse les réflexions suivantes.

Les Tables des Plombiers font, ou forgées , ou simplement fondues.

Pour juger si les Tables forgées doivent entrer en parallele avec les Tables laminées, il suffit de se rappeller les effets du choc, & ceux de la pression continue. C'est un effet nécessaire du choc, aussi-bien que de la pression continue, d'applatir les grains du métal, & de les convertir en lames. Mais le choc agit inégalement & par secousses. La pression agit au contraire toujours également , & toujours d'une maniere uniforme.

Le choc, en comprimant une partie , pousse les parties voisines dans des directions contraires. La pression, que les parties du métal reçoivent du Laminoir, les meut toutes du même sens. Sous le maillet, elles prennent des figures irrégulieres & différentes. Entre les Cylindres, elles sont forcées de prendre des figures régulieres & semblables. Quand on forge une Table un peu longue, certaines parties sont fortement agitées, tandis que d'autres n'ont presque aucun mouvement. Dans le Laminage, le mouvement d'une ligne de la Table se communique à toutes les lignes suivantes, & s'y doit distribuer également. Les endroits plus épais du métal, en étant battus, deviennent plus condenses. Si les endroits voisins ont moins de capacité, ils recevront, lorsqu'ils seront frappés à leur tour, plus de mouvement & d'extension que les autres. De-là résulteront le tiraillement & la division des parties. De-là les ruptures qui mettent si souvent à l'épreuve la patience des Plombiers. Par l'action des Cylindres, chaque partie d'une certaine ligne, prife dans la longueur de la Table, eft inévitablement entraînée par la partie correfpondante de la ligne voifine & parallele.

Le raifonnement & l'expérience concourent à faire voir que le choc détruit l'arrangement des parties; que la preffion continue, loin de le détruire, l'entretient, & qu'ainfi les Tables forgées font fort au-deffous de celles de la Manufacture. C'eft affez du raifonnement, pour démontrer que ces dernieres font préférables aux Tables fimplement fondues.

Nous avons remarqué que le Plomb n'eft compofé que de grains. Nous avons auffi remarqué que la preffion convertit ces grains en lames. Dans le premier état, les parties du métal ne fe touchent que par des points. Dans le second, chaque partie touche la supérieure & l'inférieure par une superficie, & pour lors elles se pretent plus de secours qu'auparavant, pour résister aux divers accidens que peuvent occasionner les causes extérieures.

C'est le sentiment de M. de Réaumur. Cet Académicien, dont le jugement vaut seul celui de plusieurs Sçavans, n'adopte point les conséquences que les Partisans des Plombiers ont tirées de ses principes. Il prétend que le Lamellage, bien loin d'être un défaut, rend les Tables meilleures, & d'un service plus durable.

Il est vrai, dira-t-on, que les nouvelles Tables à plusieurs égards ont l'avantage, & sur les Tables forgées, & sur les Tables simplement fondues. Mais on ne peut nier que les Cylindres n'écrouissent le métal. Messieurs de l'Académie des Sciences en conviennent, & les Fontainiers du Roi l'ont dit dans leur Certificat.

Le mot *écrouir* eft équivoque, & demande une explication. L'on ne doit naturellement entendre par un métal écroui, qu'un métal dont les parties font tellement ferrées, qu'elles ne laiffent aucun vuide intermédiaire. Mais comme on ne s'étoit gueres fervi jufqu'à préfent en France que de Plomb forgé, & que le maillet, en l'écroüiffant, le fait fouvent caffer, on a coutume d'attacher l'idée de *caffant* au mot *écroui*. Sans doute les Tables fortent écroüies d'entre les Cylindres, mais elles n'en fortent pas moins malléables. Quand tous les faits que nous avons rapportés ne le prouveroient pas évidemment, on feroit en droit de le conclure de la configuration & de la texture ; que la preſſion continue donne aux parties du métal. Si le choc rend les métaux caſſans, c'eſt principalement parce qu'il déplace les parties, & qu'il leur donne des figures différentes & peu régulieres. Le Laminage ne nuit point à la malléabilité du plomb, parce qu'en donnant aux parties une figure uniforme, il les met dans l'impuiſſance de ſe déplacer. *

* On peut objecter que deux Tables des Plombiers ont caſſé entre les Cylindres. L'Auteur répond, qu'il prétend ſeulement que le Laminage ne détruit pas la malléabilité, & non pas que le Laminage la donne. Si l'on veut laminer un métal chargé d'impuretés, ou dépouillé des matieres oléagineuſes qui lioient ſes parties, il ne pourra ſoutenir cette opération. Les Tables des Plombiers caſſeront ordinairement au Laminoir, parce qu'avides de gagner les quatre pour cent qu'on leur accorde de déchet, ils ne ſe mettent point en peine de purifier leur Plomb, & parce que forcés de donner au métal en fuſion plus de chaleur qu'on n'en donne à la Manufacture, ils ne peuvent jamais faire des Tables de la même malléabilité que les nouvelles Tables.

De ces deux Propoſitions naît une nouvelle

Quelques Partisans des Plombiers font une nouvelle objection, aussi peu fondée que la précédente. Ils soutiennent que le nouveau Plomb ne peut résister à l'ardeur du Soleil. Pour les en croire, il faudroit ignorer que le Plomb des Vitres est un Plomb Laminé, & qu'après une longue suite d'années on s'apperçoit à peine qu'il ait souffert quelque altération. D'ailleurs ils établissent pour principe que le nou-

réflexion en faveur du Laminoir. Les Propriétaires de cette Machine ont intérêt d'employer le meilleur Plomb. Donc le Public est plus sûr avec eux qu'avec les Plombiers, d'avoir de bonne marchandise.

On insiste, en disant que dans les Laminoirs de Hambourg on fait souvent chauffer les Tables de cuivre, afin qu'elles ne cassent point. Trois réponses. 1°. Peut-être ces Tables ne casseroient-elles point sans cette précaution. 2°. De ce qu'un accident arriveroit au Cuivre, qui est un métal aigre, on n'est pas en droit de conclure que le même accident arriveroit au Plomb, qui est un métal doux. 3°. C'est un fait sçu de toutes les personnes qui ont visité la Manufacture, qu'on n'y fait jamais chauffer les Tables pendant le Laminage.

veau Plomb n'eſt compoſé que de feuilles abſolument disjointes, & nous avons montré la fauſſeté de cette ſuppoſition.

Le tems ne me permet pas de rapporter tous les raiſonnemens des Adverſaires de la Manufacture. Ils ſont ſurpris que M. Colbert n'ait pas introduit en France le Laminage, long-tems avant qu'on ait inventé la maniere de laminer. Selon eux, le Plomb ne peut être laminé, tandis que tous les jours on lamine le fer, & qu'avec des barres de ce métal, qui ſouvent ont quatre pouces de diametre, on fait des fils preſque imperceptibles.

Réfuter les autres objeƈtions qu'on a faites contre l'établiſſement du Laminoir, ce ſeroit abuſer de la patience de Son Altesse Sérénissime.

C vj

RAPPORT

De Messieurs les Commissaires, nommés par la Société des Arts pour l'examen du Mémoire précédent.

NOus soussignés, Commissaires nommés par Délibération de la Société des Arts, du 11 Mars 1731, pour examiner un Mémoire, lû dans l'Assemblée du même jour par M. Remond de Sainte-Albine, lequel desirant de faire imprimer ce Mémoire au nom & en qualité d'Associé, en a demandé la permission, pour se conformer à l'Article XXXV du Reglement, avons lû ledit Mémoire contenant la description d'une nouvelle Machine à Laminer le Plomb, & un détail des avantages du Plomb Laminé par cette Machine, sur le Plomb jetté simplement en Table à la maniere ordinaire. Comme la plûpart des faits rapportés par M. Remond, se trouvent contraires à tout ce qui est dit dans un Ouvrage anonyme, répandu dans

le Public fous le titre d'*Observations*
fur le Plomb Laminé ; Nous avons jugé qu'il étoit néceffaire de nous tranf-
porter à la Manufacture , pour nous
affurer par nous-mêmes des effets & de
l'utilité de ladite Machine. Ce qu'ayant
fait , il nous a paru que la Machine ,
conforme à la Defcription donnée par
M. Remond , exécute fes opérations
avec beaucoup de perfection ; que les
Tables qui en fortent , font égales
dans toute leur épaiffeur ; qu'elles font
plus flexibles & plus malléables , & ne
font pas plus fujettes aux Soufflures &
Ventofités , que les Tables ordinaires ;
que d'ailleurs ces Soufflures & Ventofités font d'une conféquence bien moins
dangereufe dans les premieres , que
dans les fecondes ; qu'enfin les Tables
Laminées font à tous égards fupérieures
à celles dont on s'eft fervi jufqu'à préfent en France.

Nous avons jugé en particulier, que
l'efpece de Lamellage que M. Remond
reconnoît dans le Plomb Laminé , loin
d'être un inconvénient, eft au contraire
un avantage. Ce que nous penfons fur
cette matiere, a été confirmé par les

Messieurs les Commissaires avant de donner leur Rapport, avoient écrit à Londres , pour demander un détail de tout ce qui regarde le Laminage, & son utilité.

éclaircissemens que nous avons reçus de Londres sur l'usage général qu'on y fait depuis long-tems du Plomb Laminé. Nous avons cru en conséquence , que l'impression dudit Mémoire ne pouvoit être qu'utile à la perfection des Arts , qui font l'objet de la Société. En foi dequoi nous avons signé le présent Certificat. FAIT à Paris le quatorze Avril mil sept cent trente & un.

Signé, AUBERT, RENARD DU TASTA, L'ABBÉ DE GUA, C. HABERT.

RAPPORT DES MEMES
Commissaires, pour donner leur avis sur la demande que les Entrepreneurs de la Manufacture ont faite à la Société des Arts par une Lettre dattée du 18 Avril 1731.

NOus soussignés, qui avions été nommés Commissaires par Délibération du 11 Mars 1731, pour examiner le Mémoire de M. Remond de Sainte-Albine, ayant été nommés de nouveau le 18 Avril, pour donner notre avis sur la demande que Messieurs les Entrepreneurs de la Manufacture pour le Laminage du Plomb ont faite à la Compagnie par leur Lettre dattée du même jour; croyons que la Compagnie ne peut refuser des marques publiques de son approbation à l'établissement du Laminoir. Nous confirmons en conséquence tout ce que nous avons dit dans notre précédent Rapport à l'avantage de cette Machine, & des Tables qui en sortent.

En foi de ce que dessus, nous avons signé le présent Certificat.

FAIT à Paris ce 22. Avril 1731. *Signé* RENARD DU TASTA. C. HABERT, L'ABBÉ DE GUA, AUBERT.

EXTRAIT DES REGISTRES
de la Société des Arts.

Du 22 Avril 1731.

CE jour, M. Remond de Sainte-Albine a lû pour la seconde fois son Mémoire sur le Plomb Laminé. Il a ensuite fait la lecture de tous les Certificats, qui y sont énoncés ; du premier Rapport des Commissaires nommés pour l'examen de ce Mémoire ; de la Réponse de M. le Comte de Bróglie à M. le Duc d'Antin ; de la Lettre écrite à la Société par les Entrepreneurs de la Manufacture du Plomb Laminé , pour lui demander son suffrage & son approbation , & enfin du second Rapport des Commissaires , contenant leur Avis sur la Lettre & la demande des Entrepreneurs. S. A. S. MONSEIGNEUR LE COMTE DE CLERMONT , qui ayant voulu s'instruire par lui-même des opérations de la Machine, & des qualités du Plomb qui y est Laminé , s'étoit transporté pour cela deux fois à la Manufacture , où il avoit fait Laminer en sa présence plusieurs Tables de Plomb de différentes épaisseurs , a

fait l'honneur à la Compagnie de vou-
loir que son suffrage fût joint aux suffra-
ges de la Société. Sur quoi M. le Directeur ayant recueilli les voix, d'a-
bord de S. A. S., ensuite de M. l'Abbé
Franchini [1], de M. le Comte de Pach-
ta [2], de M. le Prince de Grimberghen,
de M. le Chevalier de Bethune, & de
M. le Comte de Morville, Associés
Honoraires, & enfin de tous les Associés assidus & libres, qui composoient
l'Assemblée ; il a été arrêté unanimement que la Lettre, écrite à la Société
par les Entrepreneurs de la Manufacture, seroit insérée par le Sécrétaire dans
les Regiftres de la Société ; qu'il étoit
très-convenable à la Société & à l'Auteur du Mémoire, qu'il le donnât au Public sous son nom ; & sous la qualité
d'Associé de la Société des Arts ; qu'il
ne paroissoit plus aucun obstacle qui pût
arrêter ou suspendre le Jugement de la
Société par rapport à l'Approbation qui
lui est demandée par les Entrepreneurs
de cette nouvelle Manufacture ; puisque d'un côté tous les faits énoncés dans

[1] Il étoit pour lors Envoyé du Grand Duc
de Toscane auprès du Roi.
[2] Seigneur du Royaume de Boheme.

le Mémoire de M. Remond , fe trouvent aujourd'hui vérifiés non-feulement
par le Rapport des Commiffaires nommés par la Société , mais encore par
l'examen de S. A. S. : & que d'un autre
côté les Certificats des Ouvriers qui ont
employé de ce Plomb , les Atteftations
envoyées de la Ville de Londres, la Réponfe de M. le Comte de Broglie à M.
le Duc d'Antin , & enfin le Certificat
de l'Académie des Sciences , qui feul
en ces matieres doit faire un préjugé dé-
cifif , ne permettent plus de douter de
la bonté du Plomb Laminé , & de fa
fupériorité à tous égards fur le Plomb
coulé fur fable , & font juger à la Société , que quoique cette Manufacture
ait effuyé quelques contradictions dans
fes commencemens , (ce qu'éprouvent
toutes les nouvelles Inventions , quelqu'utiles qu'elles puiffent être) cependant , avec le tems & l'expérience , le
Public fe convaincra par lui-même de
l'utilité & des avantages de cette nouvelle Fabrique.

NOus souſſigné, Sécrétaire de la Société des Arts, certifions que l'Extrait ci-deſſus a été tiré des Regiſtres des Délibérations de la Société, & qu'il eſt en tout conforme à ſon Original.

Donné à Paris ce 30 Avril 1731. *Signé*, HINAULT, Sécrétaire : *Viſa*, LA CONDAMINE *, Directeur.

EXTRAIT DES REGISTRES
de l'Académie des Sciences.

Du 19 Janvier 1730.

MEssieurs d'Ons-en-Bray, de Meyran, & Geoffroy le Cadet, qui avoient été nommés pour examiner deux Machines venues d'Angleterre, dont le Parlement, par ſon Arrêt du premier Décembre 1729, a voulu avoir l'avis de la Compagnie; la premiere ſervant à laminer des Tables de Plomb à telle épaiſſeur qu'on voudra; la ſeconde, pour mouler des Tuyaux de

* M. De la Condamine, de l'Académie Royale des Sciences.

toutes fortes de diametres & longueurs ;
en ayant fait leur Rapport : la Compagnie a jugé que la premiere, qui eft fem-
blable à celles dont on fe fert à Hambourg pour laminer le Cuivre, a encore cette utilité, que quoiqu'elle aille
toujours du même fens, on y peut cependant faire paffer & repaffer les Tables de Plomb entre deux Cylindres,
fans perdre de tems, & que par le
moyen d'un Régulateur fimple, & qui
eft ingénieufement imaginé, on peut
déterminer précifément l'épaiffeur qu'on
veut donner aux Tables de Plomb ; que
cette Machine a l'avantage de rendre les
Tables égales d'épaiffeur dans toute leur
longueur & largeur ; que ces Tables
fortent d'entre les Cylindres toutes
écrouies fans vents ni foufflures, & que
par conféquent on pourra s'en fervir
très-utilement à couvrir des Eglifes &
des Terraffes, & à conftruire des Réfervoirs & des Baffins ; qne les objections des Maîtres Plombiers contre l'u-
fage de cette Machine, ne font point
fuffifantes, puifqu'indépendamment de
l'examen qui a été fait des Tables de
Plomb qu'elle a laminées, on fait que
l'ufage journalier de cette Machine en

Angleterre est d'une grande utilité.

Qu'à l'égard de la seconde Machine qui sert à mouler les Tuyaux de Plomb, quoiqu'elle ne soit pas absolument nouvelle, elle a pourtant cet avantage sur celle dont les Plombiers se servent, que le Noyau étant brisé en trois selon toute sa longueur, on peut par son moyen fondre & former des Tuyaux d'un pied & de dix-huit pouces de diametre, avec la même facilité que de petits tuyaux, ce que les Plombiers ne peuvent faire avec leur Noyau d'une seule piece.

Qu'ainsi l'établissement de ces deux Machines dans le Royaume peut être très-avantageux au Public, & qu'il n'est point onéreux aux Plombiers.

Fait ce 19 Janvier 1730. *Signé*, FONTENELLE, Sécrétaire.

EXTRAIT DES REGISTRES
de l'Académie d'Architecture.

Du 7 Mai 1731.

DE l'ordre de Monseigneur le Duc d'Antin, Pair de France, Chevalier des Ordres du Roi, Directeur Général des Bâtimens, Jardins, Arts & Manufactures de Sa Majesté, Nous Robert de Coste, premier Architecte du Roi, & Nous Intendans & Controlleurs Généraux desdits Bâtimens, nous sommes transportés conjointement avec Messieurs les Architectes de l'Académie Royale d'Architecture à la Manufacture des Plombs Laminés, sise Fauxbourg Saint Antoine, où étant avec trois Fontainiers du Roi que nous avons appellés, avons observé la maniere de fondre lesdits Plombs, & de les jeter en Tables de six pieds de long sur quatre pieds huit pouces de largeur, & de seize à dix-huit lignes d'épaisseur ; lesquelles sont portées par une Machine sur la Table du Laminoir, pour être passées sous les Cylindres, qui ont leur mouvement par un Moulin à plusieurs Chevaux, &

qui rendent lefdites Tables de l'épaiffeur
qu'on défire , depuis trois & deux lignes
d'épaiffeur jufqu'à demie ligne , & moins
fi befoin eft ; & après avoir mûrement
& profondément examiné ladite fabrica-
tion , avons trouvé que lefdites Tables
de Plomb de différentes épaiffeurs , en
fortant du Laminoir , font d'une égalité
parfaite , unies , & bien compactes ; &
après avoir pris l'avis de l'Académie &
des trois Fontainiers , tous d'un fenti-
ment unanime ont déclaré que lefdits
Plombs feroient d'un bon ufage pour les
Bâtimens , pour les Faîtages , Noues ,
Noquets , Bavettes , Revêtemens de
Lucarnes , Chaîneaux , Réfervoirs ,
Terraffes , & généralement pour tous
les Ouvrages de Plomberie , fans excep-
ter même des morceaux de Plomb que
nous avons vu fouder en notre préfence ,
& qui nous ont paru parfaitement bien
foudés. Il a été reconnu auffi qu'il y en-
troit bien moins de foudure que dans les
Plombs ordinaires , & que l'ouvrage en
étoit bon & folide , & de moindre dépenfe.

Toutes lefquelles obfervations ayant
été faites , nous en avons rendu compte
à Monfeigneur le Duc d'Antin , qui les

a toutes approuvées , fauf à en juger
plus particulierement , lorfque l'expérience & la durée defdits Plombs fera
reconnue. Mais comme on fe fert defdits Plombs Laminés en Angleterre depuis vingt-quatre ans , & qu'il étoit néceffaire d'en connoître l'ufage , Monfeigneur le Duc d'Antin en a écrit à M. de
Broglie , Ambaffadeur de France dans
ledit Royaume , avec un Mémoire in-
ftructif joint à fa Lettre , lequel a été
répondu très - favorablement pour les
Plombs Laminés , comme étant en ufa-
fe depuis vingt - quatre ans dans toute
l'Angleterre , & ladite réponfe a été
inférée dans les Regiftres de l'Académie ; & Monfeigneur le Duc d'Antin
s'étant transporté dans ladite Manufacture , a reconnu par lui-même que le Rapport de la Compagnie étoit jufte & vé-
ritable. FAIT ce 7 Mai.

Signé , FELIBIEN , Sécrétaire.

EXTRAIT

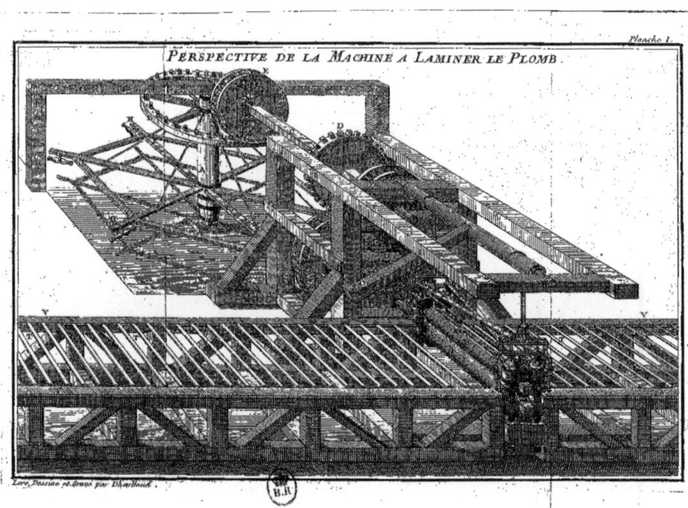
Planche I.
PERSPECTIVE DE LA MACHINE A LAMINER LE PLOMB.
Lavé, Dessiné et Gravé par Dheulland.

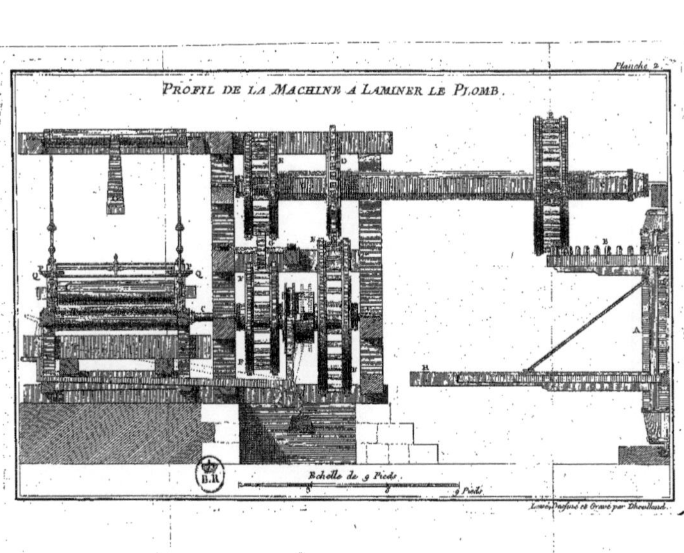

Planche 2.
PROFIL DE LA MACHINE A LAMINER LE PLOMB.
Echelle de 9 Pieds.
9 Pieds.
Levé Dessiné et Gravé par Dheulland.

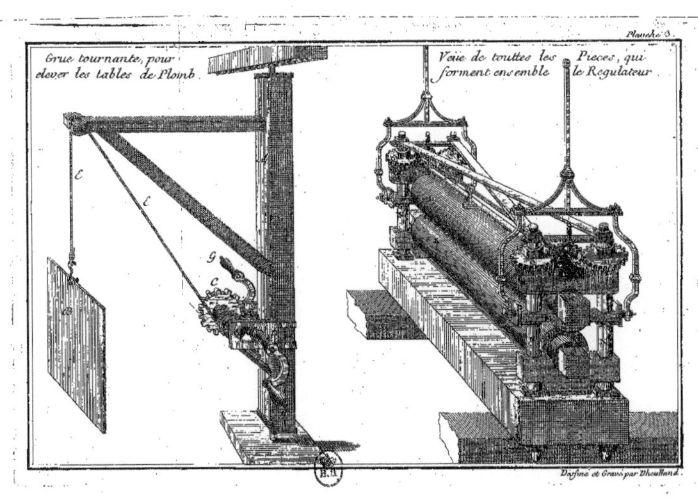

Grue tournante, pour
elever les tables de Plomb.
Voie de touttes les Pieces, qui
forment ensemble le Regulateur.
E
E
g
c
D
Desiné et Gravé par Dhoulland.

EXTRAIT DU PROCÈS VERBAL
des Fontainiers du Roi.

NOUS Remy Denis, Ingénieur du Roi, & Fontainier à Versailles; Jean Vitry, Fontainier du Roi à Marly; Julien Chevillard, Fontainier du Roi à Meudon, nous étant transportés par ordre de Monseigneur le Duc d'Antin à la Manufacture des Plombs Laminés au Fauxbourg S. Antoine, pour y examiner les Tables de cette Manufacture, & en faire notre rapport, sommes de l'avis suivant.

1°. La méthode usitée à la Manufacture, de jetter les Tables en Bâtardeau de même largeur que la Table, nous a paru la meilleure, à cause que les Vases & le Plomb brûlé se séparent mieux du bon Plomb par le moyen du Rable, qui rejette dans les lingotieres le superflu de la Table.

2°. Le Laminage que l'on fait de la Table entre deux Cylindres, rend le Plomb d'une épaisseur parfaitement égale, & remplit les pores, l'écrouit & le rend de même nature que celui qui est

D

forgé fur la Table de Lyés avec la maffe, ce qui rend ce Plomb très-propre à faire des Réfervoirs, Baffins, Chaîneaux, Faîtages, Noues, Noulets, Bavettes, Noquets, Œils-de-Bœuf, Lucarnes, Tuyaux de defcente, & autres Ouvrages de même efpece.

3°. Nous affurons que les Plombs de la Manufacture, qui pourront être tournés en Tuyaux, prendront bien la foudure, tant en nœuds qu'en longueur, & feront de bons tuyaux.

5°. Nous croyons que les Tables de la Manufacture ne font point exemtes des accidens, comme caffures & bourfoufflures, qui arrivent à toute efpece de Plomb; mais à tous égards ces Tables nous paroiffent fupérieures aux Tables ordinaires. FAIT à Paris ce 12 Février 1731. *Signé*, DENIS, JULIEN CHEVILLARD, VITRY.

RÉPONSE	MÉMOIRE
De M. le Comte de Broglie à M. le Duc d'Antin.	*Envoyé par M. le Duc d'Antin à M. le Comte de Broglie, Ambassadeur à Londres.*

ON a établi par privilége exclusif du Roi, une Fabrique pour laminer le Plomb, à l'instar & Fabrique d'Angleterre. Ces Laminoirs font des Tables qui non-seulement font plus longues & plus larges que celles qui se fondent à l'ordinaire en ce Pays, mais encore paroissent très-propres à tous les ouvrages de Plomberie. Elles sont aussi

D ij

d'une exacte égalité d'épaisseur, & la matiere par l'opération du Laminoir, paroît avoir acquis plus de compacité & de solidité.

Mais malgré tous ces avantages qu'un examen exact a fait connoître, on ne croit pas devoir adopter l'usage de ce Plomb dans les Bâtimens du Roi, par préférence à celui fondu suivant l'usage jusqu'à présent pratiqué en France, avant d'être suffisamment instruit, si l'expérience qu'on en a en Angleterre, & un long service de cette matiere, ne démentent point l'opinion que l'inspection & l'examen en donnent. C'eſt pourquoi on souhaiteroit ſçavoir ;

* 1°. *Il y a vingt-quatre ans.*

1°. Combien il y a de tems que le Plomb Laminé eſt en uſage en Angleterre ?

2°. *Il y a 2000 Ouvriers à Londres, & environ 10000 dans la Grande - Bretagne & l'Irlande.*

2°. Combien il y a de Laminoirs établis à Londres ?

3°. *Les Plombs du Pays de Galles & de la Province de Darby, ſont les meilleurs, parce qu'ils ſont plus doux.*

3°. De quelle Miné ſont les Plombs qui s'y laminent ?

4°. *Il y a diverſes dimenſions pour l'épaiſſeur. Le pied quarré peſe depuis cinq juſqu'à neuf livres. On employe le*

4°. Quelles épaiſſeurs on donne aux Tables de Plomb ſuivant les différens ouvrages où on les employe ?

* Quinze ans ſe ſont écoulés depuis la date de la réponſe de M. de Broglie. Ainſi la bonté du Plomb Laminé eſt conſtatée par une expérience de près de quarante ans.

plus épais aux en-
droits où l'on mar-
che ; le moyen pour
les Goutieres , & le
plus mince pour cou-
vrir.

5°. Ce Plomb ré-
siste mieux, le Plomb
fondu étant sujet à
des creux causés
par le Sable.

6°. Les Feuilleta-
ges, qui sont sur la
surface de ce Plomb,
ne font rien. Ils sont
causés lorsque les
Chevaux , qui tour-
nent le Moulin, s'ar-
rêtent trop vîte.

7°. Depuis que l'on
se sert de ce Plomb
en Angleterre, on a
trouvé que cinq li-
vres faisoient le mê-
me service que huit
livres fondues , ce
qui diminue d'autant
tant la consomma-
tion.

5°. Si ce Plomb
résiste mieux aux
impressions de l'air,
que le Plomb sim-
plement fondu ?

6°. Si quelques
Feuilletages, qui se
trouvent sur la sur-
face de ce Plomb,
y sont préjudicia-
bles, & en alterent
la solidité ?

7°. Et enfin tous
les avantages &
désavantages que
l'expérience en An-
gleterre doit avoir
démontrés, depuis
que ce Plomb est

sur le Registre de la Communauté des Libraires & Imprimeurs de Paris, dans trois mois de la date d'icelle. Que
l'impression dudit Ouvrage sera faite dans notre Royaume , & non ailleurs , en bon Papier & beaux Caracteres ,
conformement à la feuille imprimée & attachée pour mo-
dele sous le contre-scel des Présentes ; que l'Impétrant
se conformera en tout aux Reglemens de la Librairie , &
notamment à celui du dix Avril mil sept cens vingt-cinq,
qu'avant de l'exposer en vente , le Manuscrit ou Imprimé qui aura servi de copie à l'impression dudit Ouvrage ,
sera remis dans le même état où l'Approbation y aura été
donnée , ès mains de notre très-cher & féal Chevalier
le Sieur Daguesseau , Chancelier de France , Comman-
deur de nos Ordres ; & qu'il en sera ensuite remis deux
Exemplaires dans notre Bibliotheque publique , un dans
celle de notre Château du Louvre , & un dans celle de
notre très-cher & féal Chevalier le Sieur Daguesseau ,
Chancelier de France ; le tout à peine de nullité des Présentes. Du contenu desquelles vous mandons & enjoi-
gnons de faire jouir ledit sieur Exposant & ses ayans
cause pleinement & paisiblement , sans souffrir qu'il leur
soit fait aucun trouble ou empêchement. Voulons que
la copie desdites Présentes qui sera imprimée tout au long
au commencement ou à la fin dudit Ouvrage , soit tenue
pour duement signifiée ; & qu'aux copies collationnées
par l'un de nos amés & féaux Conseillers & Sécretaires ,
foi soit ajoutée comme à l'original. Commandons au
premier notre Huissier ou Sergent sur ce requis , de faire
pour l'exécution d'icelles , tous Actes requis & nécessaires , sans demander autre permission , & nonobstant Cla-
meur de Haro , Charte Normande , & Lettres à ce contraires ; C A R tel est notre plaisir. Donné à Paris le
vingtieme jour de Mai , l'an de grace mil sept cens qua-
rante-six , & de notre Regne le trente - unieme. Par le
Roi en son Conseil.   Signé , SAINSON.

Registré sur le Registre XI. de la Chambre Royale &
Syndicale des Libraires & Imprimeurs de Paris , Numero
639. fol 564. conformément au Réglement de 1723.
qui fait défense , Art. 4. à toutes personnes de quelque
qualité & condition qu'elles soient , autres que les Librai-
res & Imprimeurs , de vendre , débiter & faire afficher
aucuns Livres pour les vendre en leurs noms , soit qu'ils
s'en disent les Auteurs ou autrement , & à la charge de
fournir à ladite Chambre Royale & Syndicale huit Exem-
plaires , prescrits par l'Art. 108 du même Reglement. A
Paris ce 7 Juin 1746.   VINCENT , Syndic.